ROBERT 1990

J. Delorme-Jules Simon

Visions d'héroïsme

PAYOT & Cie
Paris

Visions d'Héroïsme

DU MÊME AUTEUR

A la merci de l'heure (Jean Tarbel) (Calmann Lévy).

Plutôt souffrir (Calmann Lévy).

Soldat (ouvrage couronné par l'Académie française). (A. Fayard.)

A l'ombre du drapeau (A. Fayard).

J. DELORME-JULES SIMON

Visions d'Héroïsme

Préface de M. Maurice BARRÈS
de l'Académie française.

PARIS
LIBRAIRIE PAYOT & Cie
46, RUE SAINT-ANDRÉ-DES-ARTS, 46

Tous droits réservés.

PRÉFACE

Madame,

Depuis quinze mois, j'ai trop vécu avec « Les Saints de la France » pour ne pas être touché par ces « Visions d'héroïsme. » Vos soldats blessés continuent d'être des héros. Ils se comportent sur leurs lits de souffrances comme là-bas sur la ligne de feu. Ils pensent à ceux de l'arrière, et puis aux camarades de l'avant, et le sort de ceux qui ne pourront retourner au front leur devient cher. Parmi les souscripteurs de notre œuvre des mutilés, les témoignages de cette vivante amitié abondent.

Dons héroïques et deux fois sacrés ! Des soldats sont en train de se battre. Ils conquièrent la victoire au prix de leur sang ; ils vengent les morts et les blessés, et voici que le visage tourné une seconde vers leurs camarades qu'on emporte, ils cherchent quelque chose qu'ils puissent leur donner. Les admirables gens ! Laissez, leur disons-nous, c'est l'affaire de nous autres à l'arrière. Non ! Ils veulent, comme des Christ sur la croix, tout donner, leur argent avec leur vie, toute leur amitié, toute l'humanité contenue dans un cœur sublime.

Vous qui les voyez vivre, Madame, vous sentez qu'ils ajoutent à l'effroyable tragédie de la guerre, la poésie de la bonté. Voilà les beaux types de pleine et parfaite humanité que nous opposons aux barbares.

De toutes ces vies de héros qui passent sous nos yeux se dégage une émotion surnaturelle. Nos blessés comme nos combattants s'entr'aident. On n'avait jamais rencontré cela nulle part à ce degré. Qui pourra nous expliquer l'élévation morale, la résonnance mystique de l'âme guerrière française à cette date, et pourquoi ces accents que ne connurent ni les armées de 1870, ni celles de l'époque révolutionnaire et impériale?

En lisant vos «Visions d'héroïsme», ma pensée se reporte vers votre précédent ouvrage, ce «SOLDAT» qu'Albert de Mun aimait. Comme les jours que nous traversons lui donnent un accent prophétique! «Je n'écris pas un livre de désespérance, disiez-vous; les sombres événements que je retrace sont déjà vieux de deux ans, et que le lecteur attende l'aurore prochaine, tragique peut-être, car les grands relèvements ne vont pas sans de grands sacrifices.... » *Telle était la brève préface que vous aviez mise à SOLDAT. Et la petite fille de Jules Simon inscrivait en épigraphe de son œuvre une phrase de l'illustre philosophe de* « La liberté de conscience » : « *C'est le comble de la grandeur humaine que de s'identifier à une noble cause, de vivre pour elle et d'être prêt à mourir pour elle.* » *Ces lignes résument toutes nos réflexions depuis quinze mois; elles donnent l'essentiel de votre émouvante publication de ce jour.*

Vous avez soigné les défenseurs de la Patrie et vous rendez hommage à leur héroïsme. Daignez agréer, Madame, l'hommage de ma respectueuse admiration.

MAURICE BARRÈS.

VISIONS D'HÉROÏSME

Les infirmières de la Croix-Rouge ! Le ciel nous en préserve, disent certains médecins prévenus contre elles, souvent à tort, quelquefois à raison, car aucune n'est parfaite, et les meilleures n'ont pas l'ambition d'atteindre à la perfection. Des névrosées ! insinuent quelques femmes, qui s'excusent ainsi de ne pas avoir « la vocation du blessé. » Elles sont admirables, ripostent des âmes charitables, qui s'exagèrent un dévouement bien naturel, leur prêtent toutes les vertus, et ne sont pas loin de poser une auréole sur leurs têtes, de leur décerner le titre d'anges consolateurs.

Nous ne méritons ni cette indignité, ni cet excès d'honneur. Ce n'est ni par snobisme, ni par vertu, que nous avons renoncé à nos aises, à notre liberté, que nous avons délaissé pour un temps notre famille.

Il se peut que, parmi nous, plusieurs assez ignorantes du métier d'infirmière, aient été séduites par le costume et aient voulu pouvoir dire après la guerre : j'ai soigné des blessés ; celles-ci ne sont pas restées. Ou elles se sont lassées, rebutées par la fatigue, par le spectacle des plaies horribles ; ou leurs chefs se sont débarrassés d'elles.

Ce n'est pas la distraction que nous sommes venues chercher à l'hôpital, c'est l'action, la seule action possible pour nous. A l'heure où le pays demande aux hommes l'impôt du sang, nous avons pensé qu'il réclamait de nous l'impôt de la charité. En voyant, à l'appel de la France, surgir dans l'âme de nos maris, de nos enfants, de nos frères, cet antique héroïsme que l'Allemagne avait cru mort en eux, pouvions-nous ne pas participer à cet élan ? L'héroïsme n'est-il pas contagieux ?

Nous ne sommes pas des héroïnes, nous le savons ; mais laquelle de nous ne le regrette pas ? Laquelle de nous dans les visions d'horreur qui l'entourent à l'hôpital, dans les sentiments qui l'étreignent, n'éprouve le regret de ne pouvoir contribuer, même au péril de sa vie, à diminuer l'étendue du fléau et sa durée ?

Nous ne sommes ni des héroïnes, ni des névrosées, ni des femmes envieuses de faire parler d'elles. Dans la grande armée de la charité militaire, l'armée du corps médical, nous ne figurons qu'au titre d'une humble Réserve, une Réserve sans prétentions, et nous n'avons qu'un désir : servir. Et de ce mot, nous avons fait toute notre vie, tant que durera la guerre, tant que ceux que nous aimons lutteront et offriront leur sang au pays, tant qu'il y aura des hommes à guérir, à refaire pour la France, tant que nous paraîtra vain, petit, inexistant, ce qui n'est pas l'héroïsme.

Servir ! pour pouvoir dire que nous ne sommes pas

des inutiles. Servir, pour essayer de nous élever à nos propres yeux et devant les yeux de ceux que suit notre âme, en nous efforçant de faire cette âme un peu semblable à la leur. Servir avec cet espoir que nous achèterons ainsi la vie de ceux qui nous sont chers. Superstition peut-être ? Mais les saints ne déversent-ils pas le mérite de leurs souffrances sur d'autres âmes pour obtenir à celles-ci la vie éternelle ? Ne pouvons-nous ainsi demander à Dieu de conserver une vie sur cette terre ?

Servir ! voilà notre seule ambition, la seule raison de notre présence dans ces hôpitaux, prolongement du champ de bataille, où s'éteignent quelquefois les derniers râles, où renaissent aussi de nouvelles espérances de victoires et de revanches.

* * *

A travers les salles, le bruit se répand qu'un convoi de blessés arrive.

— Combien sont-ils ?

— Vingt.

Dans les yeux passe un éclair de joie. Oh ! une joie particulière, née du désir d'avoir le plus de blessés possible, parce qu'on a cette idée qu'ici, ils seront mieux soignés qu'ailleurs, et parce que plus il y en aura, plus on donnera de soi-même. La fatigue ? On n'y songe pas ; on se reposera après la guerre. Si on y pense un instant, c'est seulement lorsque dans l'esprit passe la crainte de ne pouvoir durer ! Mais on durera. Ils durent bien, « eux », dans les tranchées !

Depuis longtemps l'hôpital n'a plus reçu de blessés. Les 200 qui y sont soignés ne sont plus aujourd'hui que des malades ordinaires, auxquels on ne cesse pas de s'intéresser, mais qui n'inspirent plus l'intérêt passionné qu'ils ont provoqué à leur arrivée ; ils sont en voie de guérison. Aussi en désire-t-on d'autres, on voudrait surtout des grands blessés. Grands, ils le sont tous par le cœur, mais les plus grièvement atteints, qu'on nomme les « grands blessés », sont ceux qui donnent le plus d'angoisses et pour l'existence desquels se livre un véritable combat : la lutte contre la mort, lutte qui vous prend entièrement, qui vous tient rivée au chevet d'un lit, suspendue au souffle près de s'éteindre. A ce moment, les soins sont tout, leur observance ou leur oubli peuvent produire la vie ou la mort.

Vingt blessés ! Vite les lits sont ouverts, bassinés, les bouillons sont commandés à la cuisine, les cuvettes sont remplies d'eau chaude ; personne ne parle plus, et, les préparatifs terminés, on attend en silence, dans une sorte de recueillement ; on sent que quelque chose de grand est sur le point de se passer : un peu du champ de bataille va pénétrer dans cette salle.

Les voilà ! Les brancards défilent. Les voilà, hâves, sentant la poudre, couverts de la boue de ces tranchées que notre imagination évoque à tout instant. Cette boue est de la terre de France, et c'est pour la défendre que ces enfants se sont fait blesser, que tant d'autres se sont fait tuer.

Le cœur est étreint, puis une inquiétude le saisit :

va-t-on découvrir une figure amie parmi ces hommes terrassés par la fièvre et la fatigue? Cette angoisse diminue en songeant que si le malheur a voulu qu'un des siens soit frappé, du moins on pourra le soigner.

On scrute les physionomies. Tous se ressemblent. Sous ces vêtements déguenillés, avec leur barbe et leurs cheveux trop longs, avec leurs traits tirés, ils ont tous le même âge, ils sont tous du même rang social.

Sur un des brancards, un blessé a les mains emmaillotées dans des pansements, la tête entourée de bandes, mais son regard brille, sa bouche sourit. Celui-ci ne doit pas être gravement atteint. Une infirmière se penche vers lui :

— Vous souffrez, mon ami?

— Pas trop.

— Blessures à la tête, aux mains. Pas d'autres, j'espère ?

— Partout !... dix-huit blessures, madame.

Il a prononcé ces mots avec fierté, et comme l'infirmière manifeste sa compassion, il riposte avec un bon rire :

— Eh ben! quoi! ça ne serait pas la peine d'aller à la guerre si on n'était pas blessé!

Braves petits ! Comment ne pas céder, devant des réponses pareilles, à l'envie irrésistible de les embrasser ! Comment ne pas éprouver à les soigner une joie et une fierté, la joie d'adoucir leurs souffrances, de leur montrer que nous les admirons, que nous les aimons ; la fierté de se sentir Françaises, sœurs de ces héros.

Et cette joie est la seule à laquelle nous puissions nous abandonner entièrement, sans arrière-pensée, sans scrupule ; toute autre nous est interdite. Même à l'annonce d'un succès de nos troupes, nous ne manifestons pas notre bonheur librement, non par crainte qu'un revers ne suive ce succès, mais par un sentiment d'avarice : il semble qu'on doive accumuler toutes les petites joies sans les dépenser en menue monnaie, pour ne les laisser éclater que le jour de la victoire finale, afin que leur faisceau, s'ajoutant à l'allégresse folle du triomphe, la rende immense, plus insensée encore.

Les derniers blessés arrivent. Ils passent, encadrés dans les croix rouges de leurs brancardiers. Et soudain, cette croix ne paraît plus être seulement l'insigne protecteur de ceux qui la portent, c'est sur la poitrine de ces blessés que nous la voyons, comme autrefois sur la poitrine des preux de la Palestine. La France le veut ! C'est à ce cri que tous aujourd'hui sont partis, croisés pour libérer les provinces captives, croisés pour affranchir la France de la menace que fait planer sur sa liberté la force militaire et la « kultur » allemandes.

Penchées sur les civières, les infirmières établissent l'identité des blessés. Quelques-uns la donnent eux-mêmes ; les autres, plus faibles, laissent prendre la médaille sur laquelle sont inscrits leur nom et leur matricule. Et maintenant, le moment est venu de les déshabiller, de découvrir leurs blessures ; moment tragique et toujours impressionnant. Si l'accoutumance à cet affreux spectacle est venue, l'émotion ressentie en présence du sacrifice et la reconnaissance pour tous ces dévouements demeurent les mêmes. L'habitude a rendu nos gestes plus sûrs, nos mains plus légères ; nos lèvres savent les mots qui mettent à l'aise ces pauvres hommes quand nous les dévêtons, les lavons, les couchons dans le lit bien chaud ; mais nous éprouvons les mêmes joies qu'au début à les voir se délecter d'un bouillon dont ils avaient oublié le goût, si parfait que fût leur ordinaire dans la tranchée ; nous ressentons le même plaisir à les regarder s'allonger presque craintivement entre les draps, comme s'ils n'osaient pas croire qu'ils en eussent le droit !

Ah ! ce droit, ils l'ont bien payé pourtant, ils l'ont acheté de leur sang !

Et nous restons devant eux, attendries, devinant les sentiments exprimés par leurs regards, l'étonnement du bien-être éprouvé, l'admiration pour des femmes, presque toutes jeunes, que rien ne rebute ; nous lisons dans leurs yeux qu'ils pensent à leurs mères, à leurs sœurs..., et parfois nous y voyons passer comme un éclair : la fierté d'avoir été blessé pour défendre les femmes de France, pour leur conserver, à elles et à leurs enfants, la liberté, l'orgueil de la race.

Dans la salle, le silence est complet, les blessés en voie de guérison se sont tus en présence de leurs camarades nouvellement arrivés ; ils interrogent à voix basse les infirmières : « D'où viennent-ils ?... Sont-ils beaucoup « amochés » ?... Avançait-on de leur côté ? »

Avançait-on ? C'est la question qui les remplit le plus d'angoisse. Heureusement, on peut toujours leur répondre affirmativement. Alors tous ceux qui se plaignaient quelques minutes avant ne songent qu'à une chose : on avance ! Et de lit en lit se communique sans bruit la grande nouvelle : ils ont repoussé les Boches... Demain on les fera parler !

Demain ! Ah ! On n'a pas besoin d'attendre à demain, c'est d'eux-mêmes qu'ils parlent, les pauvres éclopés, ils parlent... ils parlent, les oreilles pleines du fracas des batailles, les yeux remplis de visions sublimes, le cœur débordant de la joie d'avoir vaincu, l'âme exaltée d'avoir contribué à une victoire, ils racontent, ils racontent ! Et toujours reviennent les mêmes phrases : ça bardait, mais on n'avait pas peur ! on avait notre petit 75, quelle fête quand il faisait voler les Boches en l'air ! encore un, deux, dix, qui ne nous auront pas, les Boches sautaient comme des pantins en baudruche. Ah ! c'était trop amusant... Leurs grosses marmites, ça fait plus de bruit que de bobo.

Et la plupart ont, soit dans le bras, soit ailleurs, un morceau de ces grosses marmites, qui peut les rendre infirmes pour la vie. « Bah ! disent-ils naïvement, avec une belle confiance, quand on n'en est pas mort, on en revient. »

Ils racontent qu'ils ont presque toujours eu à manger, que leurs chefs sont « épatants »... Ils racontent qu'on est plus gai sur le front qu'à l'arrière et qu'ils ont été surpris des mines d'enterrement entrevues sur leur passage ; on dirait qu'ils ont à cœur de diminuer leurs mérites, contrairement à la facilité qu'a l'homme d'exagérer le danger qu'il a couru ; ces soldats insistent pour démontrer qu'en somme la guerre n'est pas une terrible chose, que s'il y a de mauvais moments, ils sont largement compensés par les bons, et puis, philosophiquement, combien disent : On ne meurt qu'une fois, mieux vaut mourir pour ça, au moins ça sert à quelque chose. Ils trouvent toujours que le voisin en a fait plus qu'eux-mêmes, ils racontent les bons tours qu'ils ont joués aux Boches... et tous ceux qui entendent rient de bon cœur. C'est si bon de les voir rire, ces grands enfants ! Et puis, l'infirmière, elle-même, est prise par leurs récits ; comme eux, elle se prend à murmurer : On avance ! on avance ! Avec eux, elle palpite du frisson de la victoire. Elle n'est plus ici, elle est là-bas, dans les tranchées où bat le cœur de la France.

* * *

On sourit, et même, on rit à l'hôpital.

On sourit d'un mot, d'une réponse de ces grands enfants, et comme l'héroïsme perce toujours dans leurs réparties, les yeux se mouillent en même temps.

On rit aussi, car il faut rire. On rit par devoir, pour distraire un blessé de sa souffrance, pour arracher un mutilé à l'obsession de son incapacité ; on rit pour dissimuler à un malheureux l'horreur de l'amputation, parce qu'on ne mène pas plus un homme à la table d'opération en pleurant, qu'on ne conduit les soldats au feu en se lamentant. On rit, et ce sont des sanglots qui soulèvent la poitrine !

Ces sourires et ces rires, quelle infirmière les oubliera

jamais; des uns, elle gardera un souvenir attendri, des autres, le souvenir d'un cauchemar, mais d'une victoire sur la volonté!

Ce petit chasseur alpin dont la tête disparaît sous un pansement et qui peut à peine parler, il a reçu, en plein, l'explosion d'un obus. On lui a retiré des shrapnells de toutes les parties du corps; une balle pourtant a été oubliée, on vient de la découvrir. L'infirmière lui explique que, pour retirer cette balle, on ne l'endormira pas; on lui fera une piqûre de cocaïne, il ne souffrira pas. Elle se multiplie pour le rassurer. Lui l'écoute religieusement et, lorsqu'elle a fini, il dit d'un ton placide, sa bouche s'entr'ouvrant à travers les bandes :

— C'est pas la peine de me tranquilliser. J'ai bien supporté qu'elle entre, je supporterai bien qu'elle sorte.

Elle sourit de cette logique irréfutable; elle sourit à ce que cette réponse renferme de vaillance.

Celui-ci est encore un chasseur, mais un « vitrier ». A son arrivée, il avait les pieds enflés.

— Vous n'avez pas eu les pieds gelés? lui demande l'infirmière.

Il se redresse :

— Un chasseur n'a jamais les pieds gelés!

Et elle sourit d'admiration, le remerciant de cette belle réponse. Elle voudrait s'excuser de sa question ; puis une pensée lui vient :

— Si! dit-elle; dans un cas, les chasseurs ont les pieds gelés.

Il la regarde de travers, il va se fâcher :
— Lequel?
— Quand on veut les faire reculer.

Cette fois, c'est lui qui sourit; il est heureux d'être compris, de voir qu'on connaît les « vitriers » !

Ah! l'esprit de corps tant combattu il y a quelques années! On en reconnaît aujourd'hui la valeur! On le condamnait parce qu'il semblait élever une catégorie d'hommes au-dessus des autres : il élève simplement un homme au-dessus de lui-même.

L'infirmière, en se dirigeant vers un autre blessé, croise un Russe, momentanément externe à l'hôpital.

— Eh bien! lui dit-elle, où en sont les Russes?
— Ils avancent, Madame.
— Oui, mais lentement... Ils n'en sortiront jamais à cette allure-là!

Il la regarde fièrement :
— Moi, je n'ai pas peur... Nous avons eu Napoléon devant nous, aujourd'hui nous n'avons que Guillaume...

Elle a envie de lui répondre : « Le soldat russe est merveilleux, pourtant ce n'est pas lui, c'est l'hiver qui a vaincu Napoléon ! » Mais elle sourit à ce patriotisme, à cet orgueil de la race; et le nom de Napoléon évoquant devant elle la vision de la grande épopée, de ces héros qui revivent aujourd'hui, elle entend en elle le vers de Victor Hugo :

> Nous sommes les petits de ces grands lions-là !

et son sourire se répand sur tous les lits autour d'elle,

elle l'envoie à ceux qui, là-bas, combattent et meurent ; elle sourit à l'espoir de la victoire.

Et maintenant elle rit ! Elle rit parce que celui sur lequel elle se penche a eu la jambe broyée et qu'elle a mission de le décider à l'amputation. Il n'y a pas encore songé ; il est hypnotisé sur sa souffrance, les yeux toujours fixés sur son pansement, mais il n'a pas entrevu l'atroce dénouement de sa blessure. Alors, elle commence par le distraire, puis, elle plaisante la pauvre jambe, si bien qu'il finit, lui aussi, par en rire :

— Ah ben ! si on m'avait dit qu'avec une jambe comme ça j'en rirais !

Elle insinue, sans paraître trouver étonnant ce qu'elle dit :

— A votre place, je m'en séparerais.

Il reste interdit, il a compris, mais il se cabre devant cette idée. Elle se met alors à énumérer tous les avantages d'une jambe artificielle. A l'entendre, rien n'est plus pratique. Il résiste toujours. Enfin il cède devant cet argument que l'Etat lui fera cadeau de cette jambe toute neuve.

— C'est sûr ?

— Absolument. Et il vous en donnera encore une autre quand celle-là sera usée.

— Mais vous serez là pendant...

— Je vous le promets.

Elle est là, en effet, le lendemain matin, et elle l'accompagne à la salle d'opérations. On est forcé d'amputer très haut, presque toute la cuisse. Elle ne rit plus.

Le bistouri taille, la scie grince sur l'os ; l'instrument est mauvais, il faut en changer. Celui qui tient la jambe est fatigué ; il implore une aide. Bravement, l'infirmière s'avance et le remplace ; la dépression ressentie par elle au début a disparu devant la nécessité ; certaine d'être utile, elle retrouve son énergie. C'est dans ses mains que va tomber le membre amputé... Elle pâlit ; pourtant elle ne faiblit pas. Elle qui, quelques semaines plus tôt, se serait évanouie pour si peu de chose !

Le dernier trait de scie est donné... Un instant, ses yeux s'effarent du fardeau qui pèse sur ses bras, mais ce morceau de chair gangrené est une offrande à la Patrie, et elle dépose religieusement dans le petit cercueil qu'on a préparé, la pauvre épave humaine.

Elle voudrait se retirer, car elle se sent très mal à l'aise. Elle a promis d'être là ; elle n'abandonnera pas son opéré, il faut qu'il la voie au réveil, avec son éternel sourire.

Demain, elle recommencera à rire pour un autre blessé à qui il faut également faire accepter l'amputation, pour celui qu'elle appelle son « petit de Troyes en Charente ». Elle lui avait demandé un jour d'où il était...

— Des Charentes, avait-il répondu.

— Et quelle est la ville la plus proche de votre village ?

— J'crois bien que c'est Paris !

Une heure après, il l'avait rappelée :

— Je m'suis trompé. Je crois bien que c'est plutôt Troyes.

Le pauvre petit vit dans un enfer. Il a le dos ouvert de chaque côté de la colonne vertébrale ; de plus, au poste de secours, on a versé une bouteille d'iode sur ce pauvre dos, et l'iode tout autour des plaies a produit l'effet d'un vésicatoire dont la suppuration s'ajoute à celle de la blessure ; enfin, l'obus qui l'a mis dans cette situation a, en même temps, atteint le pied qui a complètement éclaté. Le médecin-chef, avec une patience inlassable, un dévouement incessant, a trouvé, depuis neuf jours, les mots qu'il fallait dire à cet infortuné pour l'obliger à tenir constamment son pied dans un bain. Malgré tous ces efforts, malgré les moyens les plus savants employés par ce maitre de la science, il faut amputer.

Et l'infirmière, comme elle a ri avec l'autre, rit avec cet enfant de vingt-un ans, tout en soutenant son pauvre dos sur lequel il ne peut s'appuyer. Quand elle vient à parler de l'opération, lui aussi refuse. Cette fois, elle lui vante en vain les avantages d'un pied en bois. Il s'entête dans son refus. Alors, cessant de plaisanter, elle lui dit tristement :

— Vous ne voulez donc pas revoir ceux que vous avez laissés là-bas ? La petite Mariette, votre petite sœur, et votre maman, vous les aimez bien, pourtant ?

— Oh ! oui.

Et il la regarde effrayé. Elle incline la tête :

— Oui, mon petit, il le faut, si vous ne voulez pas mourir.

Il demeure un instant muet. La vision du village, des

siens passe devant ses yeux luttant contre celle de l'amputation. Enfin, il dit doucement :

— J'voulons pas leur faire le chagrin de ma mort.

Alors, prenant sa jambe dans ses mains, il soulève son pied hors du bain ; son pauvre pied qui chaussait déjà du 49 ou du 50 et qu'une blessure hideuse défigure encore ; il le contemple avec attendrissement ; et tandis que les larmes coulent lentement le long de ses joues, il répète douloureusement : Mon pauvre petit pied, mon pauvre petit pied !

Un infirmier qui passait, ne voyant que le côté comique de cette horrible tragédie, éclate de rire ; l'infirmière s'enfuit pour cacher son émotion et aller pleurer dans le vestiaire.

Mais son blessé la rappelle, vite les larmes sont refoulées :

— Qu'est-ce que vous désirez, mon enfant ?

— J'voulons vous dire, Madame, que puisque vous m'avez si bien soigné, si j'mourrons jamais, j'parlerons d'vous auprès du bon Dieu.

Elle caresse sa main, elle n'aurait pas pu articuler un son.

* * *

Quand il se réveillera cet autre pauvre petit qu'on a dû amputer des deux bras et qu'il s'apercevra de son malheur, quel sera son désespoir ! Car il a fallu agir très vite, il était presque dans le coma ; c'était la mort rapide ou le terrible sacrifice !

L'infirmière ne le quitte pas des yeux... Elle songe... La mort, ou la vie dans ces conditions ? Pour elle-même, elle a choisi, et elle croit que cet enfant aurait choisi comme elle... la vie ! A ce petit soldat, il restera son cœur pour aimer, son cerveau pour penser, son âme pour vibrer devant la beauté des choses et des sentiments, ses yeux pour voir. Il lui restera l'honneur d'être une victime du devoir envers le Pays. Il lui restera la satisfaction de lire dans les yeux d'autrui toute l'admiration due au héros, toute la pitié que son sort inspirera, toute la reconnaissance de ceux pour qui il a combattu. Il lui restera le bonheur d'être « là » quand même et de se dire que si les larmes des siens sont amères, elles ne seront que douceur en comparaison de celles que sa mort aurait fait couler.

Il s'éveille... il se rend compte peu à peu de son état... il ne dit rien... des larmes roulent lentement... puis des sanglots l'étouffent... enfin des mots jaillissent :

— Ne plus pouvoir serrer sur mon cœur celle que j'aime... jamais... jamais...

Les larmes se pressent, l'infirmière estime qu'il faut le laisser pleurer... Plus tard, elle lui prodiguera des consolations, elle lui démontrera que, malgré tout, la vie contient des trésors inépuisables d'intérêt, de bonheur.

— Ne plus pouvoir serrer sur son cœur celle qu'on aime...

Il n'a vu que ça... Il n'a pas compris à quel terrible supplice il allait être condamné : vivre inerte devant l'activité de son cerveau. Il n'a songé qu'à l'amante !

Il aimait... L'infirmière le regarda... Elle se dit qu'il devait aussi être aimé. Alors, immédiatement, toutes les douleurs de la triste situation du mutilé furent recouvertes d'un voile, et devant ses yeux jaillit une source de bonheurs immenses pour lui et pour celle qu'il aimait. Elle envia presque la femme à qui incomberait la tâche de devenir l'instrument de la volonté de l'aimé. Quel rêve d'abnégation ! Servir... Servir. Comprendre dans un regard furtif, une inclination de tête ses moindres désirs, l'envelopper d'une atmosphère divinatrice, infuser en quelque sorte sa pensée dans la sienne, créer à l'infini des gestes pour lui, parer d'une suprême beauté les actes les plus vulgaires de la vie, être indispensable sans donner l'impression d'une servitude, n'avoir dans les yeux que des éclairs de reconnaissance et d'admiration pour le glorieux blessé. Pour la femme, quelle mission, quelle raison d'être dans la vie !

Et pour lui, malgré tout, quelle douceur de vivre dans une telle ambiance d'amour !

Et cependant, combien plaindront ces deux êtres, et peut-être, plus encore, l'épouse du mutilé ! N'a-t-on pas déjà porté aux nues les jeunes filles qui, devant les infirmités de leur fiancé blessé, n'avaient pas voulu rompre des engagements pris avant la guerre ? Elles n'ont droit ni à notre pitié, ni à nos louanges. Que réserverions-nous donc à la victime du devoir ? Celles dont la tendresse était à la merci d'une tare physique sont peu intéressantes, les autres sont plus à envier qu'à admirer, car elles trouveront dans la force et la sincérité de leur amour tous les bonheurs que crée un sentiment idéalisé par la beauté des circonstances qui l'auront vu naître et grandir.

Gardons notre admiration pour ceux qui dès le jour de l'appel aux armes ont fait héroïquement le sacrifice de leur vie afin de défendre les femmes qui, à leur tour, doivent être heureuses de pouvoir acquitter leur dette de reconnaissance.

Mais le pauvre amputé pleure toujours tandis que l'infirmière est absorbée dans ses réflexions; elle va essayer de prononcer des mots qui consolent... au moment où ses lèvres s'ouvrent, les larmes du blessé cessent de couler, il regarde sa compagne et dit :

— Enfin... moi, je suis toujours sûr d'assister à la défaite des Boches... Je ne pourrai pas agiter mon képi, mais ils n'auront pas pris ma voix, j'y mettrai toute la force de mes bras pour hurler : Vive la France !

Dans ce cri, l'infirmière a vu surgir devant elle toute la France meurtrie, se redressant plus vivante et plus forte que jamais dans le triomphe de la Victoire.

* * *

Un journaliste plaisantait dernièrement l'action des infirmières sur leurs malades; il donnait au contact d'une jeune et jolie infirmière la valeur d'un stupéfiant susceptible de calmer le patient sur la table d'opération. C'est vrai, mais il n'est pas nécessaire que l'infirmière soit jeune et jolie, car cette action n'est pas due à la pensée suggérée par la femme, elle résulte de la vision qui passe devant les yeux du malheureux dont on torture la chair : la vision de sa mère.

Leur mère !... Ils y pensent tous. Ils rêvent tous d'une caresse de leur mère. Dans le lit d'hôpital, ces hommes qui ont été des héros et qui se retrouveront des héros une fois retournés sur le champ de bataille, ne sont plus que de grands enfants désireux d'être bercés comme ils l'ont été, il y a bien longtemps, lorsqu'ils étaient tout petits. Les preuves, les exemples sont de tous les jours.

Cet homme qui, avant la guerre, d'un seul effort déchirait entre ses doigts un jeu de cartes, pensait peut-être rarement à sa mère; il arrive à l'hôpital, il faut l'opérer ; on ne peut le chloroformer, et l'infirmière le tient appuyé contre elle. Malgré toute sa force, la douleur lui arrache un cri : « Maman ! Maman ! » L'infirmière caresse son front, il se tait, et, l'opération terminée, il murmure : « Ça fait du bien ; j'ai cru que c'était elle ! »

La veille, un pauvre petit, un engagé, se rendant compte de son état, avait dit à son infirmière :

— Je sais bien que je vais mourir...

L'infirmière avait protesté. L'enfant avait répondu :

— Je sais... Oh! pour moi, ça ne fait rien, mais c'est pour maman..., il faudra lui dire « ça » doucement...

Gabriel, lui aussi, n'a que vingt ans, mais il était garçon boucher aux abattoirs de la Villette, et il n'a rien d'un enfant timide. Il n'est pas un malade facile : nerveux, exigeant, il se plaint, souvent il se fâche. C'est qu'il souffre terriblement d'une blessure qui va de la clavicule à l'omoplate. Il ne peut dormir que dans une certaine position. L'infirmière le sait, et chaque soir, ne voulant pas confier ce soin à d'autres, elle vient installer son malade pour la nuit ; mais elle s'arme de patience.

Un soir, elle trouve Gabriel assez bien disposé. Assis sur son lit, il suçait un sucre d'orge qu'elle lui avait donné et qu'il s'amusait à rendre pointu. Cependant la douleur causée par le changement de position provoque un des accès de révolte habituels. Elle est obligée de lui parler avec autorité.

Il baisse la tête, regarde son sucre d'orge pointu, et devant lui sans doute passent les images de son enfance. Alors, prenant une petite mine d'enfant battu, il dit :

— Ah ! si c'était votre fils, vous ne lui parleriez pas comme ça !

— Mais si, mon petit.

Et, tout en fixant à la tête du lit les bandes destinées à soutenir le bras, afin d'éviter la fatigue du cou, elle affirme :

— Je vous soigne comme si vous étiez mon fils, comme vous soignerait votre maman.

Il répète : « Maman ! » puis hochant la tête :

— Oh ! je sais bien. Vous me soignez même mieux qu'elle, parce que, elle, « elle saurait pas y faire ! » Tout de même, vous ne me soignez pas comme votre fils.

— Mais si.

— Non. La preuve, c'est que le soir, jamais vous ne lui auriez dit bonsoir sans l'embrasser...

Et puis, après un moment d'hésitation, il regarde timidement l'infirmière :

— Ça ne vous dégoûterait pas de m'embrasser ?

Elle se penche et l'embrasse doucement sur le front. La figure chagrine s'épanouit en un sourire radieux !

— Est-ce que ce sera comme ça tous les soirs ? demande-t-il... comme maman ?

Elle lui fait signe que oui, car elle se sent incapable de parler avec sa voix naturelle.

Un soupir de satisfaction s'échappe de la poitrine du blessé, il ferme les yeux et s'endort apaisé par le souffle maternel qui a passé sur lui.

* * *

Il est l'heure d'abandonner le service aux veilleuses de nuit, l'infirmière est prête à s'en aller.

D'un lit, on l'appelle. C'est son « petit Marocain », un sergent, un brave type, petit, râblé, un « costaud », comme il dit. Des éclats d'obus l'ont terriblement « amoché », et il tient à ce qu'on le sache : ce sont des éclats d'obus. A son idée, un obus seul était capable d'avoir raison de lui. Une balle ? Allons donc ! Une balle, un petit morceau de plomb lancé par un de ces Boches qui se mettraient en vain à trois contre lui ! La guerre, ça le connaît ! Il vient de se battre pendant deux ans au Maroc !

Vantardise ! pensera-t-on. Non, simplement un enthousiasme fou de la guerre, une confiance un peu exagérée dans sa force, du moins dans sa force physique, car sa force morale est au-dessus de la souffrance. Il n'a pas voulu être endormi pendant l'extraction des éclats d'obus, et, quand la douleur était trop forte, il disait seulement :

— Vous me faites mal, monsieur le major, j'aimerais mieux fumer une bonne pipe.

Que veut le petit Marocain ? D'abord, dire bonsoir à son infirmière, la remercier des soins reçus dans la journée, et puis une idée le tourmente :

— Madame, me donnera-t-on un congé de convalescence ?

— Probablement, mon petit.

— Tenez, trois jours... seulement deux jours, pour aller embrasser les vieux. Il y a deux ans que je ne les ai pas vus. Ils seraient si contents.

L'infirmière pense à son fils qui va partir, à l'heure de la séparation, au déchirement du départ. Elle pense à cette circulaire qui a interdit aux femmes d'aller revoir leurs maris, aux mères d'aller embrasser leurs enfants, cette circulaire l'a révoltée, et elle se souvient qu'on lui a répondu : « Il y a des heures qu'il ne faut pas faire revivre, des sacrifices trop durs à accomplir pour les recommencer une fois faits. »

Si elle songe à la joie des « vieux », elle entrevoit les larmes qu'ils verseront, comme elle-même en versera bientôt quand son fils partira, et elle dit :

— Oui, ils seront contents ! Mais les deux jours écoulés, il faudra se séparer... Ce sera bien dur pour eux.

On dirait que cet enfant a deviné les sentiments qui, en ce moment, agitent l'âme de son infirmière ; il la regarde et d'un accent très simple lui répond :

— Non, ils savent bien que maintenant je ne suis pas leur enfant ; que, jusqu'à la fin de la guerre, je suis l'enfant de la France ; qu'il faut tout lui sacrifier, et ils lui rendront leur gosse sans pleurer.

La journée a été féconde en émotions douces et poignantes, l'infirmière ne se sent plus la force de rester insensible à tant d'abnégation ; vite, elle borde le lit du petit, l'embrasse et se sauve, pas assez rapidement pour ne pas l'entendre dire :

— Ah ! bien, je n'oublierai jamais ça !

L'infirmière quitte l'hôpital, elle a soif d'air pur, de solitude, de songer aux paroles du petit Marocain. Quel désintéressement dans le cri de ce petit, dans les sentiments qu'il prête à ses parents. Ce désintéressement, peut-elle dire qu'elle le pratique ?... Ce dévouement, cette abnégation d'elle-même dont on l'a félicitée souvent, qu'est-ce exactement ? Elle ne peut se mentir. Tous ses actes ont un mobile intéressé, et elle aurait honte de ses soi-disant belles actions si le monde connaissait les motifs qui les ont produites. Les motifs, ou plutôt le motif... Elle est mère et elle ne se prodigue pas exclusivement par esprit de sacrifice, par pure bonté d'âme. A part elle, pour elle seule, elle a une arrière-pensée : « Dieu veuille qu'un jour, si mon fils est blessé, il rencontre auprès de lui une mère qui le soigne comme j'aurai soigné les enfants des autres ! »

Ces gens simples, le petit Marocain, ses parents, travaillent humblement, sans compter, pour la France, et elle, elle travaillerait pour son propre compte ? Et dire qu'elle fait illusion ! A quel retour sur elle-même l'enfant l'a contrainte.

Huit heures sonnent, il est déjà tard ; cependant, elle se dirige du côté opposé à sa demeure, elle va sortir de la ville; la nuit est belle, la lune monte pâle et lente ; ses rayons tombent sur les montagnes du Jura et les couvrent de vapeurs mauves ; sur la rivière, on ne voit plus que des reflets d'arbres ; peu à peu, toute rumeur s'éteint et le silence devient profond. Quelle beauté autour de la promeneuse ; tout ce qui l'entoure c'est à elle, c'est son pays ; elle va se laisser aller à cette contemplation et oublier le sujet de ses méditations : tout le tragique des heures présentes. Mais, tout à coup, une branche d'arbre craque, elle reçoit comme un choc ; le bruit lui a paru terrible... Là-bas, pas très loin, quel fracas ! Son œil s'égare, il va de nouveau s'horrifier des visions d'hôpital ; c'est qu'elle ne voit de la guerre que la douleur, le côté déprimant, mais il y a autre chose : il ne faut pas que tous les spectacles d'épouvante dont elle a été témoin effacent les visions réconfortantes, enivrantes. Des blessés, des morts, et encore des morts, mais tant de splendeur dans la mort ! Et puis, il y a les vivants frémissants, exaltés, ivres de sacrifice ; il y a tous les lauriers à récolter, il y a l'exemple à donner, l'immortalité à conquérir.

Elle marche plus vite, haletante ; elle s'examine néanmoins, essaie de retrouver en elle tant de sentiments que l'horreur du sang, les cris de détresse qu'elle entend tous les jours semblent avoir étouffés ; toutes ces misères, toutes ces tortures qu'elle n'a pu soulager auraient-elles détruit en elle l'ardeur de son patriotisme ? Elle embrasse l'horizon d'un regard émerveillé et, les bras élargis, puis serrés dans un geste de possession, elle s'écrie : « C'est beau, c'est beau ! c'est pour cela et pour tant de choses et d'idées plus belles qu'ils se font tuer là-bas ! » Elle se retrouve ; la vue du sang, des plaies l'avait mise hors d'elle. A présent, elle tressaille d'un frisson sublime, autour d'elle flottent les âmes des héros, les âmes impérissables et fortes ; il lui semble avoir été touchée à l'épaule et qu'on a murmuré près d'elle : « Tout, tout pour la gloire de la France ! »

C'est que de cette terre qui l'environne émane l'amour de la Patrie, plus puissant, plus impérieux, plus tenace que tous les amours terrestres... Tout à l'heure, ces voix qu'elle a cru entendre, c'était le vent venu de là-bas qui, aux quatre coins de la plaine, chantait la grande épopée.

Le petit sergent a dit vrai, elle n'a plus d'enfant, elle n'est plus mère ; elle et son fils sont des enfants de la France, et elle sent bien au fond d'elle-même, dans ce qu'il y a de meilleur en elle, qu'on ne lui a pas pris son petit, qu'elle l'a bien donné à la Patrie, comme elle se donnera elle-même le lendemain et toujours au delà de la limite de ses forces s'il le faut.

La lune vient de se lever, éclairant le trou d'ombre ;

dans le fond brille un canal, plus loin s'estompent des hauteurs, la ligne sombre d'une forêt... Il y a quarante-quatre ans, les Allemands étaient là... Tout plutôt que de les revoir ici, que la honte de la défaite !

* * *

C'est un bon gosse, ce petit, un enfant de la classe 15, blessé au bras. Il parle, le regard dans le lointain ; il ne voit pas ceux qui l'écoutent, ses yeux sont pleins du combat qu'il décrit : son capitaine, un brave type, reçoit une balle ; elle entre par la bouche et ressort derrière la tête, coupant la carotide. Un moment d'accalmie ; le commandant et un adjudant se penchent sur le capitaine ; un obus tombe, coupe le commandant en deux ; l'adjudant s'affaisse sur le corps du capitaine, il est mort...

Le petit de la classe 15 essuie de ses gros doigts de travailleur deux larmes qui vont rouler.

Puis, subitement, la voix mélancolique devient claironnante, il se lève, les yeux brillants, un large sourire sur ses lèvres :

— On a souvent bien du malheur, mais où on a du plaisir, c'est quand le 75 tire sur les Boches, ça, c'est épatant ! on les voit sauter en l'air. A un endroit, il en a détruit 2000. On voyait des bras, des jambes, des têtes. Ah ! qu'on en a eu du plaisir ! Sales Boches !

Il s'arrête, une vision douce et triste traverse son esprit :

— On est des pays envahis, nous, voyez-vous, les balles, les obus, ne pas dormir, ne pas manger, ne pas boire, marcher toujours, ce n'est rien, mais ne jamais avoir une lettre, même une lettre de quelqu'un qu'on connaît pas, pour dire qu'on voit son nom sur une enveloppe seulement, ça ferait du bien, car ça fait trop mal, quand le vaguemestre arrive, et qu'il appelle les autres et jamais moi...

Le petit prend sa tête dans ses mains et pleure comme un petit enfant.

— Petit de la classe 15, tu auras ton courrier comme les autres !

Il lève la tête, son regard s'illumine, il dit à l'infirmière qui lui a parlé :

— C'est-y vrai, et j' pourrons vous écrire aussi ?

— Bien sûr !

Il serre la main de son infirmière, l'embrasse avec frénésie et s'écrie :

— J'voudrons déjà être au front, pour recevoir des lettres, ça me donnera du cœur au ventre pour venger le vieux père et tous ceux de là-bas.

La première carte envoyée par le petit de la classe 15 à son infirmière représentait un obus allemand de 420 entouré d'obus français de 75, le soldat avait écrit :

« Chère dame, je vous envoi cet petite carte et j'espaire que vous en serai contente car vous verrai que j'ai pensé à vous tout de suite quand j'ai vu la carte, mais il ne faut pas en avoir peur, car j'aime mieux qu'il en tombe 10 comme le gros que 1 du plus petit, car je serez encor plus sûr de ma vie avec ces gros-là, mais avec le petit je ne l'aurè pas, mais tout le monde ne laisse pas sa vie au champ d'honneur, Dieu me veillera. Je n'oublierez jamais votre bonté et je veux reconnaitre votre amitié « mort ou vivant » je veu vous rapporter la croix de guerre quand on aura chassés les modits barbares qui depuis plusieurs années venais nous taquiner. On est à 30 mètres des Boches mais ce n'est pas pour cela que j'ai peur bien du contraire car je suis toujours avec mon fusil en train de tirer car vous savai le premié qu'il montre sa tête, il peut dire qu'il est un boche pour les vers, et tant que j'aurai des cartouches mon fusil cracherat. Je vous sers la main de loin comme si c'était de prè. »

Mort ou vivant, je vous rapporterai la croix de guerre!

L'infirmière a souri en lisant ces mots, puis elle s'est demandé comment l'enfant aurait pu dire. Elle a refait la phrase... Eh bien! non, rien ne vaut ce qu'il a écrit, cette phrase aussi concise est un raccourci admirable de sa pensée. Vivant, je vous l'apporterai, cette croix. Mort, vous saurez que je l'ai gagnée pour vous, vous le verrez, vous le lirez, vous saurez que c'est moi qui vous l'offrirai du fond de ma tombe.

Est-ce vrai? Sera-t-elle donc pour quelque chose dans l'acte du petit, dans cet acte d'héroïsme qui lui vaudra la récompense des braves? Le peu de mot qu'elle a écrit auront-ils cet effet? Quelle plus belle récompense pour quelques heures de dévouement?

Ah! folle imagination! Reprends ton travail, humble infirmière, quel orgueil est le tien! Tout à l'heure, tu croiras que tu as contribué à sauver la France!

Ne songe pas aux satisfactions d'amour-propre que tu pourras avoir, ne songe qu'à eux, là-bas, dans les tranchées, ne songe qu'à ceux qui sont tous capables d'écrire comme cet autre petit :

« L'attaque fut terrible, mais nous les avons repoussés. Depuis deux jours nous n'avions rien à manger, nous n'avions dans le ventre que le cœur. »

* * *

— Madame, il faut que je vous donne un souvenir, parce que y en a pas qui m'aient soigné comme vous.

L'infirmière sourit. Quel souvenir va-t-il lui offrir ?

— Voilà, j'avais trouvé quatre boutons boches de capote. Je les ai donnés aux dames dans les gares... Elles nous apportaient à boire, il fallait bien leur donner quelque chose aussi. Et ça les amusait. Si j'avais su, je les aurais tous gardés pour vous ; mais il me reste tout de même un bibelot. Vous savez, dans mes blessures, il y avait de tout, de l'obus, de la terre, des cailloux... J'ai encore une pierre dans la main ; on ne l'a pas enlevée parce que ça ne me gênait pas, mais je crois qu'elle m'empêche tout de même de remuer le troisième doigt. La voulez-vous ? Ça vous portera peut-être bonheur. Y a qu'à la faire enlever.

L'infirmière ne peut refuser. Elle appelle l'interne, qui veut aller chercher de la cocaïne. Le gosse proteste : pas besoin de votre cocaïne !

L'interne entaille, sort la pierre qui est toute petite et la remet à l'opéré. Celui-ci la regarde, fait la moue, et la tendant à l'infirmière :

— Ah! zut, alors! en voilà un cadeau. C'est embêtant qu'elle ne soit pas plus grosse.

Elle n'est pas grosse, mais l'infirmière la préfère aux boutons boches; elle a toujours eu une répulsion pour ces dépouilles prises sur le cadavre d'un ennemi tombé en combattant.

Un petit chasseur à pied lui avait offert un jour un manteau conquis dans ces conditions. Elle avait refusé.

Le soldat, un Corse ayant tout le soleil de son pays dans les yeux, l'avait regardée, stupéfait :

— Les autres dames m'en donnent vingt francs!

— Ne le vendez pas, et ne le gardez pas; remettez-le à l'ambulance, et moi je vous donnerai quarante francs.

— Ah! ben! pourquoi ça?

Il était difficile de faire comprendre le scrupule qu'elle avait et que beaucoup d'autres ne partageaient pas. Comment lui dire ce qu'elle sentait, ce qu'elle avait une certaine peine à analyser : que ces Allemands, Prussiens, Bavarois ou Badois, avaient peut-être, avant de mourir, pillé, volé, incendié, que ces actes criaient vengeance, que leurs auteurs étaient méprisables, haïssables et que pourtant elle répugnait à l'idée de voir leurs cadavres dépouillés. Si haïssables soient-ils, ils se font tuer bravement. Ils ne sont pas des héros, parce qu'il leur manque tout ce qui caractérise l'héroïsme, la passion de l'honneur, la passion de ce qui est grand et beau, mais ils restent des soldats mourant pour leur pays. Vivants, elle voudrait, si elle le pouvait, les tuer tous, dans l'exécration de cette race et de sa kultur, qui menace tout ce qu'elle aime ; morts, elle respecte leurs corps : en les dépouillant, en leur arrachant leurs boutons, leurs pattes d'épaules, il lui semble qu'on les dégrade, et par la façon dont ils sont tombés, ils ne le méritent pas.

L'infirmière essaya, pour se faire comprendre, de mettre ces idées à la portée du petit chasseur, qui la regardait de ses yeux clairs ; mais en le quittant, elle n'était pas bien sûre de l'avoir persuadé.

Plusieurs semaines après, il vint la trouver, il était guéri, il partait :

— Adieu, madame, je vais rejoindre mon dépôt...

Et sur un ton de confidence, il ajouta :

— Vous savez, je l'ai laissé.

Elle avait oublié la conversation sur les trophées allemands, elle ne comprenait pas.

— Eh ben ! oui, reprit-il, le manteau boche !

Il avait mérité les quarante francs, mais quand l'infirmière voulut les lui donner, il les repoussa :

— Ah ! non, j'ai fait ça pour vous faire plaisir... et puis, je crois que vous avez raison. Je le dirai aux autres, on ne prendra plus rien sur les Boches morts... Mais ces quarante francs ! Si on les donnait pour l'œuvre des mutilés de la guerre !

* * *

Ceux qui sont sur le front ne peuvent pas plus se rendre compte des sentiments qui nous agitent à l'arrière, que nous ne pouvons imaginer l'âme d'un combattant. Sur le front, on subit les rafales des obus durant des heures, des jours, même des nuits; on avance sous les nappes de balles projetées par les mitrailleuses; c'est l'assaut, la baïonnette, la lutte corps à corps; puis survient l'accalmie, la relève, le repos relatif en deuxième ligne, ou le repos plus complet dans les cantonnements; mais toujours on reste à proximité des événements, on est plus ou moins pris dans les remous de la tempête, on sait ce qui se passe, on participe à l'action.

En arrière, notre oreille se tend en vain pour saisir ce bruit du canon, de la mitraille, elle ne recueille que le bruit des commérages, colportés par les innombrables lanceurs de « tuyaux ». En arrière, on vit dans l'obscurité, dans la nuit de l'attente.

L'attente perpétuelle! l'attente d'une lettre qui vous dira si celui pour lequel vous tremblez est encore vivant, l'attente d'un journal, des nouvelles du front, l'attente de cet inconnu d'où doit sortir la victoire. C'est l'anxiété, l'angoisse sans répit.

On s'efforce de ne pas y penser, on y réussit presque en s'enfermant dans sa tâche; mais rentré chez soi le souvenir même de cette tâche vous ramène à la pensée dont vous essayez de vous abstraire, vous projette loin de chez vous, loin de l'hôpital, vers ces tranchées d'où sont sorties les blessures que vous avez soignées. L'âme s'évade et rôde en proie aux visions qui la bouleversent.

La pluie qui fouette les vitres vous rappelle à la réalité! Mais ça n'est qu'un instant, et vous voyez aussitôt des hommes immobiles sous cette averse, au fond d'un fossé boueux, à quelques mètres de l'ennemi.

L'horloge sonne ! Ici, elle sonne pour des vivants, là-bas, elle sonne pour des morts..., peut-être pour un mort que l'on pleurera.

Parfois, dans l'attente, on s'abandonne à un rêve. Mais on a peur de rencontrer l'impossible, on a, par une sorte de superstition, la crainte de faire naître l'impossible. On n'ose pas rêver. Une lettre vient et vous rassure ; aussitôt la date vous rappelle que cette lettre est déjà vieille de quatre ou cinq jours.

En arrière on ne sait rien, on envie le sort de ceux qui se battent. Et de toutes ses forces il faut se raidir pour échapper à cette emprise de l'attente, pour y arracher ceux qui vivent avec nous, leur communiquer le sentiment de la sécurité, les amener à laisser couler les jours avec confiance, sans mesurer la fuite du temps. Car on n'a pas le droit de se demander quand « cela cessera ». Cela ne cessera qu'avec la victoire, cela ne doit pas cesser avant.

* * *

Un officier est mort. Un homme de la section qu'il commandait a voulu aller à l'enterrement et accompagner son lieutenant au cimetière. Il n'est pas encore très solide, mais il se fût échappé si on eût essayé de le retenir. Il est là, le bras en écharpe, devant la fosse ouverte. Il écoute les discours qui glorifient son officier. La dernière parole prononcée, tout le monde va se retirer, mais lui n'a encore rien dit, et son lieutenant ne partira pas sans un adieu, sans une promesse de celui qui, de tous ces assistants, l'aimait le plus. Ecartant de la main le prêtre qui tient déjà le goupillon, il s'approche du cercueil, étend la main comme pour un serment :

— As pas peur, mon lieutenant ; je vais vite y retourner et avec plus de cœur encore pour te venger.

Nul n'eut envie de sourire du geste théâtral, de l'accent gavroche du petit blessé ; les yeux restés secs jusque-là se mouillèrent ; ce n'était pas du mélodrame, mais du drame.

* * *

Près d'un blessé amené depuis la veille, l'infirmière s'est arrêtée, car du lit voisin, un soldat l'appelle :

— Madame, mon camarade n'a plus l'air de m'entendre quand je lui parle, il ne me répond plus.

Hélas ! ce n'est que trop vrai, et elle sait par le médecin-chef que tout espoir de sauver le malheureux est perdu.

L'interne passe à côté du lit, sur lequel il jette un regard attristé. Il a le même âge que cet enfant, un sergent de deux ans de service, et son âme n'est encore blasée ni sur la mort, ni sur la souffrance ; il met dans les soins qu'il donne une tendresse fraternelle ; il parle à ces soldats dont beaucoup sont plus âgés que lui, avec l'autorité d'un grand frère plutôt que d'un médecin. Devant celui-là qu'il ne peut sauver, ses yeux se sont voilés.

A l'interrogation muette de l'infirmière qui espère encore, il répond par un geste d'impuissance : Rien à faire, dit-il tout bas. Mais prévoyant que la mort est proche, il ajoute : « Il faut l'isoler. Il est inutile de donner ce spectacle aux autres. Qui l'assistera ? »

D'un signe, l'infirmière lui fait comprendre qu'elle est prête.

Le petit sergent a été transporté dans une chambre. Il n'est déjà plus de ce monde, sa face blême porte les stigmates de la mort ; sa respiration est courte, haletante, ses mains fébriles s'accrochent au drap et le ramènent ; il ne souffre pas, il va s'en aller très doucement. Mais soudain, il sort du coma dans lequel il était plongé ; il parle, sa voix étranglée semble déchirer le silence.

— Dites, mon lieutenant, vous entendez ?... les voilà !... Attention, les enfants, on va leur montrer qui on est...

Il s'arrête, et répète :

— Mon lieutenant !...

Un instant le regard reprend de la vie et ce visage décomposé s'illumine : Mon lieutenant ! Il y a de la dévotion, de la vénération dans ce mot.

Une grande soif le brûle, une contraction de la gorge l'empêche de continuer, l'infirmière humecte ses lèvres. Il reprend :

— Mais oui, mon lieutenant, on en tuera le plus possible de ces Boches, avec vous pas de danger qu'on en laisse un debout !

La sueur perle à son front, doucement l'infirmière l'essuie. Encore une fois le masque prend une expression d'extase :

— Qu'il est brave !... Mais il va se faire tuer... Mon lieutenant !... Mon lieutenant !... Ah ! nom de nom, il ne m'entend pas... Ça barde trop... Il se profile... Il n'a pas l'air de s'en apercevoir... Je passerai bien à travers les balles... J'y vais...

Il essaie de se lever, l'infirmière veut le retenir, mais c'est à peine s'il a la force d'un sursaut. Sa voix devient suppliante :

— Couchez-vous, mon lieutenant, par pitié, je prendrai votre place... je vous dirai... les tueurs d'officiers...

Un sourire de félicité se répand sur son visage... Qu'a-t-il vu ?

— Tout de même, ils ne l'ont pas eu, je suis arrivé à temps... Oui, je suis touché, mon lieutenant, pas grand'chose..., pardon de vous avoir jeté par terre malgré vous, pardon d'être tombé sur vous... non, laissez-moi, mon lieutenant, tout à l'heure vous reviendrez... Non, pas moyen de me lever...

Ah ! ces pauvres yeux à ce souvenir... ces yeux de regret, de grandeur surhumaine.

— Il est parti, comme il les mène !... ça fait mal, tout de même, ce pruneau, c'était pour lui, hein, les Boches, vous l'aviez repéré, hein ? Cochons !

Il a crié ce dernier mot ; et, comme s'il avait épuisé ses forces, il tombe dans un anéantissement complet, puis des larmes se mettent à couler de ses paupières closes, il recommence à parler :

— Il va se faire tuer... et je suis là... Je ne peux même pas l'aider... Eh ! là-bas, camarades... ils sont trop loin... Je vais bien me traîner jusque-là.

Il essaie de sortir de son lit, l'infirmière le recouvre :
— Ah! c'est toi, Joseph! C'est bien toi, dis ?
Sa voix devient plus pressante :
— Enfin, c'est bien toi ?
L'infirmière répond :
— Oui, c'est moi !
— Ah! bien !... veille sur lui, hein, vieux, tu l'aimes bien toi aussi. Dis, tu le vois toujours ?...

Il est complètement immobile, ses yeux seuls semblent vivre tandis qu'il interroge celle qu'il prend pour son camarade ; elle dit pour le rassurer :
— Oui, je le vois !
— Ah! tant mieux ! J'ai du brouillard sur les yeux, moi, je ne le vois plus bien.

Il se repose un moment, ses lèvres sont de plus en plus sèches, sa garde lui passe un peu d'eau entre les dents déjà serrées.
— Merci, mon lieutenant, fallait pas vous donner cette peine.

Puis il se retourne, ses yeux ont maintenant une expression attendrie.
— N'est-ce pas, Joseph, qu'il est bon, tu le sais bien toi, tu te rappelles quand il soignait tes pauvres pieds ?... Pas fier hein? Au moins es-tu reconnaissant ?... Réponds... Réponds-moi donc ?

C'est l'infirmière qui a maintenant du brouillard sur les yeux, sa gorge retient des sanglots. Si le petit avait une lueur de lucidité, il ne faut pas qu'il voie qu'elle pleure; elle continue à se substituer à Joseph et dit, la voix grossie par les larmes :

— Une reconnaissance éternelle !

— Ah ! bien vieux, donne-moi la main, veille sur lui, hein ?

Il cherche la main de son ami, l'infirmière lui tend la sienne, mais elle seule serre, lui n'a plus d'énergie que dans la voix.

Depuis un moment, il est muet, on dirait qu'il n'a plus de souffle... l'infirmière se penche sur lui, le mouvement qu'elle fait le tire de sa torpeur, quelques mots sortent encore de ses lèvres de cire :

— Eh ! là-bas, les autres... Il m'appelle, n'est-ce pas ? Oui...

D'un bond il se soulève, fait le salut militaire avec tout ce qui lui reste de forces, et crie :

— Présent ! mon lieutenant !

Puis il retombe lourdement sur l'oreiller, la main toujours portée au front ; il est mort.

Il est mort, faisant un dernier geste de respect, devenu un geste d'amour surhumain, et l'infirmière, immobile, ne peut s'arracher à cette contemplation ; elle n'a pas le courage d'accomplir sa mission, de clore les paupières de cet enfant dont les yeux paraissent chercher encore l'officier pour lequel il s'est sacrifié en se jetant devant lui, en recevant la balle qui lui était destinée.

Enfin, ses doigts se posent sur les paupières, et, comme pour demander pardon au petit sergent d'anéantir sa vision héroïque, elle l'embrasse sur le front. Elle se redresse ; son regard, à travers les larmes qui l'obscurcissent, fait le tour de cette chambre dont elle gardera toujours le souvenir, une petite chambre, naguère habitée par un écolier de ce collège transformé en hôpital. Cette chambre vient d'entendre la plus belle leçon d'héroïsme ; elle ne la redira pas ! Des enfants reviendront ici plus tard, et ils ne se douteront pas qu'entre ces murs un drame sublime a revécu, qu'un instant cette pièce blanche et nue a été remplie et illuminée par la gloire !

Une porte fait communiquer cette chambre avec celle des officiers. Pourquoi ne pas l'avoir ouverte toute grande, ne pas avoir permis aux officiers d'assister à ce sacrifice, à cette immolation ! Mais qu'auraient-ils appris ? Pas un d'entre eux n'ignore le dévouement de ces petits qu'ils commandent ! Et la main de l'infirmière, à cette pensée, se porte sur les lettres qu'elle a reçues dans la matinée, et qui sont remplies, comme toutes celles arrivant du front, de ces exemples d'abnégation, d'oubli de soi-même dans l'amour du chef. Il lui semble que des fleurs d'héroïsme sont les seules qui soient dignes d'être offertes au petit sergent ; elle veut relire ces lettres près de lui.

Celle-ci, d'un commandant d'artillerie :

« J'étais près de mon poste d'observation, un abri souterrain, et j'attendais le canonnier qui devait m'apporter mon déjeuner. Il ne venait pas ; l'heure était passée depuis longtemps, j'y avais renoncé ; et tout étant calme sur le front, je sortis pour me rendre à l'une de mes batteries. En y arrivant, je trouve le médecin en train de soigner un blessé... Je reconnais le canonnier que j'avais attendu en vain. Un obus avait éclaté sur lui, pendant qu'il venait vers moi. Le médecin me fait signe qu'il est perdu. Je me penche pour lui parler. Il reconnaît ma voix, entr'ouvre les yeux, essaie de se soulever, et rassemblant ce qui lui reste de forces parvient à murmurer :

» — Mon commandant... Vous n'avez pas déjeuné... Ce n'est pas de ma faute.

» Son regard seul acheva sa phrase, un regard d'adieu suprême à son officier et à son pays confondus dans la même pensée. »

L'infirmière prend l'autre lettre, celle d'un officier colonial qui lui raconte la mort de son ordonnance, un tirailleur sénégalais :

« Il est mortellement atteint ; une blessure horrible au bas-ventre, produite par le ricochet d'une balle tirée à courte distance. Sur la face du malheureux qu'on emporte perle la sueur d'une agonie douloureuse. Tout à coup, il fait sur le brancard un effort qui lui arrache un gémissement. Il veut parler. Le médecin s'approche pour recueillir sa dernière pensée. Avec peine il articule quelques sons :

— » Képi lieutenant, il y en a dans mon musette. Toi prendre. Peut-être lieutenant y en a besoin.

» Puis sa tête retombe, et il meurt quelques heures après, sans une plainte. »

Le petit sergent, qui dort son dernier sommeil, eût trouvé sans doute ces dévouements tout simples ; il lui a bien paru tout simple de recevoir la balle destinée à son lieutenant ! Ne savait-il pas que son lieutenant, de même, serait mort pour lui ?

Au moment de franchir la porte, l'infirmière se retourne ; les larmes obscurcissent ses yeux. Mais il ne faut pas pleurer, à quoi bon les larmes ? Ressusciteront-elles les morts ? Achèteront-elles quelques vies ? Non. Les larmes, aujourd'hui, il faut les refouler d'un coup de poing ; les larmes qui mettent la tête en bouillie, qui font du cœur une loque, les larmes qui diminuent ceux qui les versent, et découragent ceux qui les voient verser !

Une dernière fois, elle regarde l'enfant mort pour son pays, pour son drapeau, pour son lieutenant ; sa tête blonde comme auréolée d'or semble éclairer tout d'un rayonnement d'amour : est-il une plus grande preuve d'amour que de mourir pour tout ce qu'on aime ?

— Lieutenant, c'est l'heure du supplice, dit l'infirmière, nous venons vous préparer à vous présenter au bourreau.

Il s'agit d'un éclat d'obus à extraire, dans les reins. Elle ajoute :

— Vous n'avez pas déjeuné ? A cause du chloroforme.

— Mais si, madame... Aïe !... Impossible de bouger !

— Comment ! vous avez déjeuné ?

— Oui... Je ne veux pas être chloroformé.

— Vous avez tort, l'opération sera peut-être longue... et vous souffrirez beaucoup. Laissez-vous endormir.

D'une voix ferme, le blessé dit :

— N'insistez pas... Je ne veux pas.

Les infirmiers l'ont posé sur le brancard, et l'on se met en route.

On le hisse sur la table d'opérations, le médecin-major donne l'ordre de commencer l'anesthésie. Le blessé proteste :

— Docteur, je ne bougerai pas... J'exige qu'on ne m'endorme pas.

— Vous remuerez, ce sera très pénible pour vous et pour moi.

— Je ne broncherai pas.

Ses yeux gardent leur tranquillité, sa décision est irrévocable.

Il place son mouchoir sur sa bouche et attend sans qu'un muscle de son visage trahisse la moindre appréhension.

. . . .

Devant la difficulté de l'extraction, à plusieurs reprises on lui offre le chloroforme ; chaque fois, avec une volonté inébranlable, il le refuse.

Doucement, l'infirmière essuie son front mouillé. Elle est remerciée par un regard reconnaissant.

Enfin, l'opération est terminée, un soupir de satisfaction s'échappe de toutes les poitrines ; ce sont des félicitations et des mots admiratifs qui sortent de toutes les lèvres, mais le blessé les accueille avec ennui.

Dans la journée, faisant allusion à ce qui s'est passé le matin, l'infirmière lui dit:

— Vous devez être brisé... tant de souffrances !

Le lieutenant semble se recueillir et répond simplement, mais d'une voix un peu lointaine :

— Non, je n'y songe pas... Voyez comme il neige... je pense à tous les nôtres, sans abri, sans soins, qui, là-bas, grelottent en attendant l'heure de se réchauffer dans le carnage... Je voudrais être avec eux... Brisé ? Non, je n'ai pas souffert... Je ne pouvais pas souffrir, après tout ce que j'ai vu endurer autour de moi... Je vais vous dire, madame, pourquoi je n'ai pas voulu qu'on m'endorme.

Sa figure intelligente, pleine de caractère et de fermeté, s'anime :

— Nous nous étions battus toute la journée dans un bois où nous étions fauchés ; fauchés est le mot. Au-dessus de ma tente passaient les balles et les obus ; j'entraînais ma section ; une nouvelle rafale de mitrailleuses ravagea tout sur son passage, m'atteignit et jeta bas une partie de mes hommes. J'essayai de me lever, mais j'étais cloué sur le sol... Et nous avancions si bien ! Le sous-lieutenant épargné prit le commandement... La fusillade continua longtemps, les projectiles tombaient drus comme grêle, on était assourdi par d'effroyables détonations, par un fracas épouvantable ; au milieu de la confusion s'élevaient les gémissements des blessés et leurs hurlements... Puis le bruit se fit plus lointain... nous avancions donc toujours... Quelle joie inondait mon âme... Je criais à tous ceux qui m'entouraient pour leur donner le courage de souffrir : « On les a repoussés ! » Et de toutes ces bouches tordues par la douleur s'éleva un cri de triomphe. Mais la nuit était venue, la nuit, l'horreur des malades, la nuit où la souffrance se décuple, parce que rien ne vient la distraire, la nuit qui éteint tous les bruits étrangers à la torture du mal... La lune se couvrit d'un voile, la nuit noire eut une épaisseur d'encre, cependant que dans le lointain on apercevait des lueurs d'incendie. Puis tout disparut, recouvert de grandes fumées noires comme des crêpes... Nous étions là combien ? Epaves sanglantes qu'aucun secours ne pouvait atteindre, au moins jusqu'au matin... Mon cœur saignait plus que ma blessure, car de plus en plus s'élevaient les plaintes des blessés, elles remplissaient ces ténèbres, se confondaient avec elles dans une même et lugubre vision. Les uns criaient : « Maman ! maman ! » cri suprême de l'homme en détresse; d'autres m'imploraient ; et j'étais là, incapable de bouger, avec l'impression d'avoir été fixé sur la terre par le projectile qui m'avait assommé. Tout à coup, le vent rugit avec toute la violence de la tempête, la pluie inonde le sol... Un peu plus de malheur, un peu moins... au point où nous en étions!... Qui sait si dans de tels moments on n'en voudrait pas à la nature d'être paisible et sereine? Les rumeurs, le tumulte de la tempête balayaient les cris, les gémissements des blessés, puis le calme se rétablit dans l'atmosphère et j'entendis distinctement les appels de mes hommes près de moi. L'un me disait : « Mon lieutenant, mon lieutenant, par pitié, secourez-moi; si vous pouviez m'aider à changer de position... Je dois avoir les deux jambes fra.assées... Vous ne pouvez pas? Misère de misère, nous encore ce n'est rien... mais vous... pour les autres, là-bas... que vont-ils faire?... Mon lieutenant, vous avez votre revolver? Quand il fera jour, il faudra m'achever, ce sera de l'humanité. » Brisé par la souffrance, par l'angoisse et le tragique de cet appel, je pouvais à peine parler; je sentais que mes nerfs se détendant auraient trahi mon émotion; j'osais à peine leur faire entendre le son de ma voix changée qui les aurait impressionnés. Mais je me reprochais cette faiblesse et je dis au malheureux que j'allais tenter de suprêmes efforts pour me diriger vers lui. Je n'avais pour me guider que le son de ses paroles, j'essayai de me traîner dans la boue gluante et tassée; chaque fois je retombais impuissant, attrapant des ronces à pleines mains. J'avais les mains en sang, mais j'étais indifférent à ma propre souffrance. Qu'était-elle en présence de tout ce que je devinais autour de moi?... Je fus obligé de dire au malheureux que je ne pouvais rien pour lui. Alors je me souviens que je me suis adressé à tous. J'avais retrouvé la fermeté de ma voix dans le désir de les encourager, de les soulager un peu. Un de mes hommes plus éloigné, qui ne m'avait pas vu tomber, s'écria : « Ah! c'est vous, mon lieutenant? Alors, ça va aller, c'est comme si j'entendais une voix du ciel! » Que leur ai-je dit? Quelles visions ai-je fait passer devant eux? Peu à peu, comme des petits enfants à qui on raconte une histoire pour les endormir, les moins atteints succombèrent au sommeil; les autres disaient : « Mon lieutenant, continuez. » Et je faisais défiler devant leur esprit tous les héros de l'antiquité, et ceux de temps plus rapprochés... Ils écoutaient, m'interrompant trop souvent par des plaintes étouffées, semant mon récit d'exclamations enthousiastes ; à d'autres instants, un silence profond régnait, le recueillement de l'attention, de l'intérêt qu'ils portaient à mes histoires... et dans ce silence, l'horrible pensée me venait de ceux qui, couchés là... étaient peut-être silencieux pour toujours. Combien étaient-ils? Un cri terrible s'éleva, balayant tout... nous causant une stupeur... puis après le cri, ces mots: « Je meurs, tout mon sang coule, je meurs... et il va falloir mourir comme un chien... un prêtre, par pitié... il y en avait plusieurs dans la compagnie... je meurs... un prêtre ! » Que Dieu me pardonne si j'ai commis un sacrilège : j'ai changé ma voix et, servi par l'obscurité, j'ai dit : « Je suis là, mon frère, je vous absous, faites un acte de contrition...

» Ah ! la voix de ce moribond cherchant ses mots — il est mort avant la fin de la prière... du moins, je le suppose, car il ne répondit plus à nos appels, et le lendemain on a trouvé le cadavre du pauvre enfant. »

La tête travaillée par le cauchemar de ce qu'il évoquait, la face ardente, la parole exaltée, les lèvres seulement agitées d'un frisson, le lieutenant suivait toutes les péripéties de cette nuit d'horreur. Puis l'éclat de ses yeux s'adoucit, son regard se voila de rêve et de songe, il murmura :

— Le jour se leva, dissipant le malaise inexprimable

de l'obscurité... là-bas... dans le fond lointain, derrière ces bois voilés d'un brouillard bleuté... là-bas était le calme... les aimés. C'était pour eux qu'on avait souffert, qu'on souffre, qu'on souffrira encore et qu'on mourra sans regret, s'il le faut, car on n'a plus l'amour du soleil et de la vie, tout se confond dans un seul amour : l'amour du sacrifice... Et puis, en somme, qu'est-ce que notre existence ? Après avoir eu jadis, avant cette guerre, l'impression qu'on avait soi-même une grande importance, on a maintenant celle de n'être plus rien qu'un atome dans cette lutte gigantesque... Ma souffrance pendant l'opération ? Ai-je souffert ? Non, c'eût été une lâcheté d'éviter ce mal. Est-ce qu'à toutes minutes les nôtres n'en subissent pas de plus terribles ? J'ai fait passer devant moi toutes les tortures endurées par mes hommes, je n'ai rien senti dans ma chair, mon âme seule a été martyrisée...

Un sourire mélancolique, un peu ironique, éclaira un instant son visage :

— Je ne me savais pas aussi adroit pour faire de la dentelle...

Il déplia son mouchoir que ses dents avaient déchiqueté pour arrêter les soupirs involontaires que la douleur eût pu lui arracher. Ce mouchoir n'était plus qu'une véritable dentelle.

* * *

« Quel grave sujet d'études, a dit Barrès, que les Français dans les tranchées ! Celui qui nous les ferait comprendre aiderait à débrouiller ce qu'ils désirent être demain. »

Les tranchées !... hélas ! faibles femmes, il ne nous est pas permis d'y aller, et ce ne sont pas les descriptions faites par quelques journalistes, au retour de simples excursions, qui peuvent nous les faire connaître. Ces récits, les photographies qui les accompagnent nous en montrent la structure, nous renseignent sur la vie qu'on y mène ; ils ne nous en donnent pas l'âme.

L'âme des tranchées, nous ne pouvons l'entrevoir que dans les hôpitaux. Ah ! qu'on ne nous accuse pas, pauvres infirmières, d'avoir la prétention de faire de la psychologie ! Nous vivons auprès des héros, nous les voyons dans le rayonnement de leur grandeur et de leurs souffrances ; nous nous contentons de les regarder, de les écouter, de palpiter avec eux du grand frisson. Ils nous apparaissent à la fois comme des héros et comme des enfants. Des héros, par conséquent des hommes qui ne s'embarrassent pas d'une métaphysique compliquée, qui agissent, et qui meurent s'il le faut. Des enfants, c'est-à-dire des hommes qui ont tout ce qui fait la force de la jeunesse : l'enthousiasme, la confiance en eux-mêmes et dans l'avenir.

Vive la France ! Voilà toute leur psychologie, celle qu'ils ont apportée sous les drapeaux. Elle ne s'est pas modifiée dans les tranchées, elle s'est simplement renforcée d'un sentiment nouveau, résultat de la fusion de toutes les âmes en une seule âme, dans une pensée unique : la France ! Et ce sentiment que nous recueillons auprès de chaque blessé est celui qui émeut, le plus doucement, non seulement nos cœurs de femmes, mais de Françaises, parce qu'il est un gage d'espérance en l'avenir. La guerre, en effet, a fait éclore la véritable fraternité, celle du champ de bataille, née dans les épreuves, scellée par le sang.

Auparavant, les théories d'un individualisme féroce poussaient les Français à vivre chacun pour soi : ils ont appris à vivre chacun pour tous.

Auparavant, ils ne se connaissaient pas, et lorsqu'on ne se connaît pas on est bien près de se haïr. Ils ont appris à se connaître, à s'apprécier, à s'aimer.

Auparavant, ils ignoraient leurs officiers. Par crainte, par timidité, peut-être, obéissant à certaines suggestions, ils restaient éloignés, même quand ceux-ci faisaient effort pour diminuer la distance ; quelques-uns les regardaient presque comme des ennemis. Ils ont appris ce que sont leurs officiers : ils les ont vus s'inquiéter d'eux, veiller sur eux, se pencher sur eux, ainsi que de grands frères ou des pères ; ils les ont vus s'élancer les premiers à l'assaut, leur montrer la route de l'honneur, tomber devant eux et quelquefois pour eux... Alors, ils ont aimé, ils ont admiré, ils se sont donnés ; ils ont voulu les précéder sur ce chemin de l'honneur et tomber pour eux à leur tour.

Sergent ! qui vous êtes fait tuer pour votre lieutenant et qui, sur votre lit d'hôpital, lui avez donné avec votre vie votre dernière pensée, votre dernier geste ;

Sergent qui disiez : « Je n'appartiens plus à mes parents, je n'appartiens plus qu'à la France ! »

Petit soldat ! qui, les larmes aux yeux, montrant à

votre infirmière un camarade mourant, lui disiez avec l'angoisse d'un frère : « Madame, il ne m'entend plus... »

Chasseur ! qui juriez sur la tombe de votre officier de le venger.

Et vous, lieutenant ! qui domptiez la douleur, qui ne la sentiez plus, en pensant aux souffrances endurées par vos hommes ; vous, dont le cœur ne faisait plus qu'un avec vos Chasseurs, et qui, à cette heure, retourné sur le front, vous faites peut-être tuer pour eux, comme eux pour vous !

Tous vous avez appris à vos infirmières ce que sont les Français dans les tranchées ; vous leur avez révélé l'âme des tranchées !

Ce que des rêveurs cherchaient à réaliser avec des formules philosophiques, la guerre l'a réalisé. Toutes les fausses fraternités qui n'étaient que de la haine déguisée ont eu leur masque arraché ; tous les efforts, les énergies dépensées en commun, ont montré à ces hommes qu'ils étaient des frères nés de la même mère : la France ! Ils se sont reconnu les mêmes aspirations, les mêmes enthousiasmes, le même idéal ; ils se sont retrouvés, se sont aimés, se sont dévoués chacun à tous.

Avant la guerre, les esprits tournaient dans le vide, cherchant la route. Quand on n'a plus de point de direction, on risque de s'égarer, de prendre la voie qui conduit à l'abîme. Aveuglés par des querelles intestines, l'avenir, le présent même nous échappaient. Nous essayions en vain de nous diriger à travers le flot des idées contradictoires, et nous roulions, emportés par le courant, sans voir ce qui se préparait à côté de nous, ce qui se passait chez nous!

Avant la guerre, il semblait qu'il y eût plusieurs France; après la guerre, il n'y en aura plus qu'une.

La mort, qui d'habitude semble sinistre, est devenue un flambeau dans les tranchées. Tout ce qui retenait autrefois notre attention, et n'était que mensonge, est rentré dans l'ombre; et la vérité est en marche.

Ce que les hommes ont appris dans les tranchées, ce que le flambeau de la mort leur a montré, ce que le sang a fait germer? L'amour.

Voilà ce que, nous autres infirmières, avons cru voir. Nous ne savons pas ce que les Français veulent être demain, mais nous savons ce qu'ils sont aujourd'hui, ce qu'ils ne peuvent pas ne plus être : des hommes de sacrifice, des frères unis pour la vie et la gloire de leur patrie.

LIBRAIRIE PAYOT & CIE, PARIS

Violetta Thurstan. AVENTURES D'UNE INFIRMIÈRE ANGLAISE EN BELGIQUE ET SUR LE FRONT RUSSE. Traduction et avant-propos de Michel Epuy . . . . 2.—

De Belgique au Danemark, en traversant l'Allemagne comme prisonnière, du Danemark à Pétrograd par la Laponie, de Pétrograd à Varsovie et sur le front russe, cette infirmière-là a passé partout et elle a vu de ses yeux des choses surprenantes, abominables, merveilleuses, horribles.

Elle ne les charge d'aucune couleur imaginaire. Qu'elle décrive ou qu'elle raconte, c'est toujours tellement sincère, si certainement pris sur le vif qu'on croit être à ses côtés dans les salles de pansements, dans les trains sanitaires ou dans les tranchées, et qu'on a véritablement l'émotion de la vision directe.

J. Montvert. EN CAPTIVITÉ! LA VIE QUE NOUS Y MENONS. Lettres et récits de soldats français, belges et anglais, prisonniers en Allemagne. In-16 . . . . 2.—

Ces pages, glanées dans la foison quotidienne de la presse, sont faites de lettres authentiques échappées à la censure allemande. Elles tracent un tableau fidèle de la vie des captifs en Allemagne et fixent un des aspects particuliers de la guerre qui n'est pas le moins douloureux. Ce recueil émouvant pose en même temps le problème angoissant de l'existence de milliers d'hommes plus malheureux que les combattants, problème posé devant la conscience du monde civilisé et qu'on doit s'attacher à résoudre dans l'espoir inébranlable et tenace d'une solution humaine.

J. Montvert. LETTRES DE SOLDATS RUSSES . . . . . 2.—

L'âme russe complexe, profonde, s'exprime en ces lettres personnelles où la sensibilité slave apparaît frémissante à chaque page, où débordent les sentiments foncièrement humains de la race : pitié fraternelle, même pour l'ennemi, bonté, résignation, fatalisme, amour de la patrie, dévouement et sacrifice pour elle et pour les frères d'armes.

J. Montvert. TOMMY A LA GUERRE. Lettres de combattants anglais . . . . 2.—

Le flegme et l'humour britanniques se reflètent dans ces lettres pittoresques écrites en toute sincérité sans aucune prétention littéraire par des soldats et des marins anglais. Le sang-froid et le courage de la race, la ténacité, l'endurance, font de ces volontaires instruits en hâte, de très valeureux combattants ; leur correspondance l'atteste admirablement.

W. Barnes-Steveny. L'ARMÉE RUSSE TELLE QU'ELLE EST . 2.—

Sur l'armée russe — comme sur la Russie — règnent en tous les esprits occidentaux, même les plus cultivés, les idées les plus vagues, les préjugés les plus tenaces, les erreurs de jugement les plus extraordinaires.

Tout le monde en parle et personne ne la connaît. C'est pourquoi le livre de M. Barnes-Steveni offre un intérêt tout particulier. Il est écrit par un homme qui a une expérience de vingt-cinq ans de la Russie et de la vie russe, y compris celle de l'armée.

Pour l'endurance et la valeur combative, l'auteur de ce livre considère le soldat russe comme le premier du monde et il nous laisse pénétrer de façon fort intéressante dans les sentiments qui le font agir et lui donnent la force formidable qu'il représente.

L'ARMÉE ALLEMANDE TELLE QU'ELLE EST, *par un officier anglais y ayant servi* . . . . 2.—

L'auteur de ce remarquable ouvrage s'est proposé d'abord de démonter pièce à pièce, sous les yeux de ses lecteurs, le mécanisme du formidable outil de guerre allemand tel que, pendant plusieurs années, il l'a vu lui-même fonctionner.

A des considérations d'ordre purement technique, l'auteur a su ajouter un grand nombre d'anecdotes personnelles, de telle sorte que son livre apporte une curieuse contribution à la psychologie du soldat allemand et de ceux qui le commandent du haut en bas de la hiérarchie militaire, jusqu'au Kaiser inclusivement. « Je fus, dit l'auteur lui même, un rouage infiniment petit dans le mécanisme de la plus puissante machine de destruction que le monde ait produite jusqu'ici, mais c'est de mon expérience personnelle que je tire tout ce que j'écris. Je ne cache rien, je n'exagère rien. »

LIBRAIRIE PAYOT & CIE, PARIS

M. BUTTS

HÉROS!

Episodes de la Grande Guerre.

Avec 47 illustrations de F. BOVARD et 8 portraits hors texte.

Un volume in-8 de 400 pages, broché fr. 3.50.

> „ ... Une fois les temps révolus, les nuages dissipés, ..
> De nouveau ton étoile, ô France, ta belle étoile lumineuse,
> Plus claire, plus étincelante que jamais dans le calme du firmament
> Rayonnera immortelle. „
>
> (WALT WHITMAN.)

Chacun des récits très divers que contient ce livre retrace un trait d'héroïsme ou de dévouement pris dans la guerre actuelle. Au milieu des tristesses, des anxiétés et des deuils qui, en cet hiver tragique, atteignent les non combattants, il est réconfortant de reconnaître et de remémorer les actions sublimes accomplies non seulement par de grands capitaines et d'héroïques soldats, mais aussi par des femmes et des enfants. Car n'est-ce point un beau spectacle que de voir défiler devant nous toute une humanité qui — selon la parole de M. Asquith — « préfère sa liberté au bien-être matériel, à la sécurité, à la vie elle-même? » Jamais l'abnégation de soi-même, le sacrifice de l'individu à la communauté nationale, le renoncement à toute vue d'intérêt personnel n'ont été poussés plus loin que dans l'unanime effort de tous ces courages dont le magnifique exemple nous est donné.

Tous les pays alliés ont leurs représentants dans ce défilé émouvant, et l'on y voit figurer aussi de ces « neutres » qui se dépensent sans compter pour soulager toutes les misères, chez eux et chez les autres.

Héros! est un livre vivant, coloré, qui vous prend au cœur dès qu'on l'a ouvert.

D'innombrables volumes raconteront bientôt les grandes batailles, comme les épisodes, de la lutte gigantesque qui bouleverse le monde. Il n'en viendra guère probablement qui donneront mieux que *Héros!* la physionomie morale de la Grande Guerre.

LIBRAIRIE PAYOT & CIE, PARIS

THÉODORE BOTREL
Le „Chansonnier des Armées".

REFRAINS DE GUERRE
1re série.

Les Chants du Bivouac
(1er août-31 décembre 1914)

PRÉFACE DE M. MAURICE BARRÈS
de l'Académie française.

50 chansons dont 23 avec la musique de chant, 107 dessins à la plume par CARLÈGLE et un portrait de l'auteur par P. JOBERT.

1 volume in-18 avec couverture illustrée. Fr. 3.50.

REFRAINS DE GUERRE
2me série.

Chansons de Route
(1er janvier-31 août 1915)

AVEC UNE PRÉFACE DE M. EUGÈNE TARDIEU

112 illustrations de CARLÈGLE et un portrait photographique de l'auteur.

1 volume in-18 avec couverture illustrée. Fr. 3.50.

Sur le sombre visage de la Guerre, le « chansonnier des Armées » a mis un sourire, un rayon de bonne humeur et d'espoir? Même dans l'horreur qui entoure les batailles la vieille gaîté française ne perd pas ses droits! Le chansonnier est allé dans tous les cantonnements, casernes, ambulances, hôpitaux et jusque dans les tranchées pour y dire et chanter aux troupes ses poèmes patriotiques. Ces refrains de guerre sur des airs souvent populaires ont redonné du cœur aux soldats combattants, aux blessés, aux malades. Grâce à ces beaux volumes — spirituellement illustrés par un artiste d'une verve admirable — les civils seront heureux de pouvoir les chanter à leur tour.

IMPRIMERIES RÉUNIES. — LAUSANNE

LIBRAIRIE PAYOT & Cᴵᴱ, PARIS

Brochures d'actualité, grand in-8, à 1 franc.

JE REVIENS D'ALLEMAGNE
par Georges Verdène.

M. Georges Verdène a fait le tour des principales villes allemandes; il s'est assis dans les brasseries de Munich où la bière coule encore à flots, dans les cafés de Berlin, dans les tavernes du grand port devenu « Hambourg-la-Morte ». Il a parlé aux ouvriers, aux soldats, aux bourgeois et, dans une suite d'articles vivants, il a noté ses impressions ressenties image fidèle, cinématographe vécu de la vie actuelle.

JE REVIENS D'AUTRICHE
par Georges Verdène.

Poursuivant son enquête dans les empires du Centre, M. G. Verdène décrit d'une même plume alerte ce qu'il a vu dans la monarchie austro-hongroise après dix mois de guerre.

Il a parlé aux gens du peuple; des commerçants, des financiers, des intellectuels lui ont fait des confidences qui révèlent, sous l'assurance orgueilleuse, une inquiétude profonde. A ce titre, la brochure de M. Verdène est un véritable document.

LA POLOGNE SOUS LA RAFALE
par Edmond Privat.

Impressions vécues rapportées d'un voyage d'enquête à travers la Pologne en feu, au printemps 1915, dans les villes et dans les campagnes devenues des champs de bataille. L'auteur a vu de près ce peuple polonais que tant de souffrances avaient déjà éprouvé et que tant d'autres attendaient encore. Ces pages éveilleront une fois de plus la pitié pour la malheureuse Pologne dévastée, et pourtant si digne de vivre.

PRISONNIÈRE EN ALLEMAGNE
par Isabelle Debran.

Elle est courte mais bien typique l'odyssée de Mᵐᵉ Debran, citoyenne américaine, propagandiste féministe connue qui s'est vue arrêtée sans motif à son entrée en Allemagne sur simple dénonciation de mouchards allemands qui vivaient comme elle à Genève, inoffensifs d'apparence. De Lœrrach à Lindau, de Lindau à Munich, de Munich à Romanshorn, en prison, ou accompagnée par les policiers militaires, renvoyée à ses frais d'une *Kommandatur* à l'autre, elle a saisi sur le vif, d'un regard singulièrement pénétrant, dans sa cruauté barbare et dans ses ridicules de pédantisme, de lourdeur et d'automatisme, le régime de terreur qui règne à la frontière germano-suisse.

VISIONS D'HÉROISME
par J. Delorme-Jules Simon.

C'est dans les salles d'hôpital que ces *Visions d'héroïsme* sont apparues dans leur douloureuse clarté à l'auteur de ces pages si profondément émouvantes. Les soldats blessés continuent d'être des héros; ils se comportent sur leurs lits de souffrances comme là-bas sur la ligne de feu. Un grand courage les anime, une grande espérance les soutient. Et les nobles femmes qui les assistent recueillent leurs confidences, leurs propos de reconnaissance naïve et quelquefois... leur dernier soupir en baisant leurs yeux à la place des mères absentes.

LA GRANDE GUERRE
racontée par les soldats et les témoins
par le Colonel Du Pâquier.

Jusqu'au jour où les chefs d'armée nous expliqueront eux-mêmes les victoires qu'ils ont remportées ou les défaites qu'ils ont subies, nous n'aurons pas d'autres documents authentiques de la Grande Guerre que les lettres des soldats, les récits des témoins oculaires et les correspondances des reporters, écrites sur le champ de bataille.

Les lettres des braves soldats nous apportent journellement les échos de la terrible lutte, elles nous racontent en termes très simples et familiers d'admirables actions d'éclat, des poèmes d'héroïsme et de vaillance, de sublimes exemples de courage et de sacrifice.

www.ingramcontent.com/pod-product-compliance
Lightning Source LLC
LaVergne TN
LVHW020946090426
835512LV00009B/1726